Couverture inférieure manquante

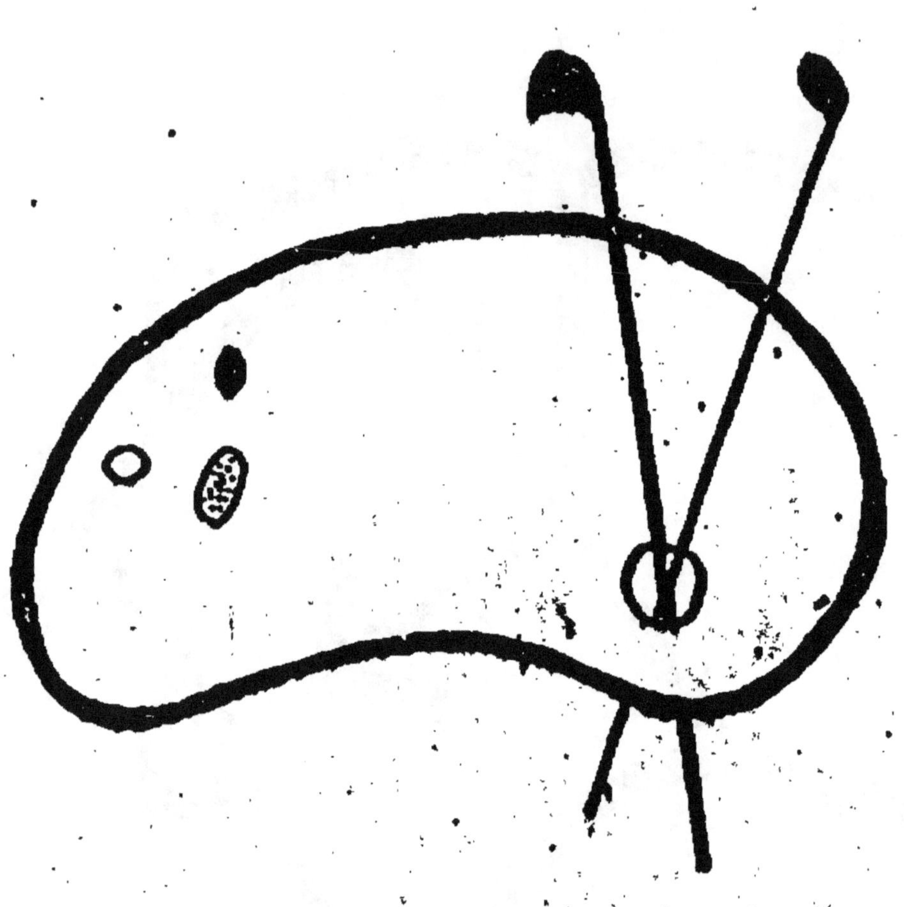

DÉBUT D'UNE SÉRIE DE DOCUMENTS
EN COULEUR

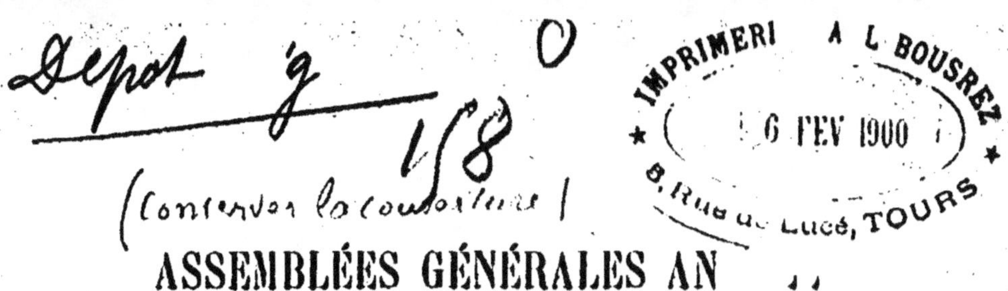

ASSEMBLÉES GÉNÉRALES AN...

DE

L'ALLIANCE FRANÇAISE

DES 13 FÉVRIER 1899 ET 26 FÉVRIER 1900

OBSERVATIONS

PRÉSENTÉES A CETTE OCCASION

Par M. le Docteur CHERVIN

Président d'Honneur du Comité du XVIe Arrondissement de Paris

Ancien Membre du Conseil d'Administration

PARIS

CHEZ L'AUTEUR : 89, AVENUE VICTOR-HUGO

1900

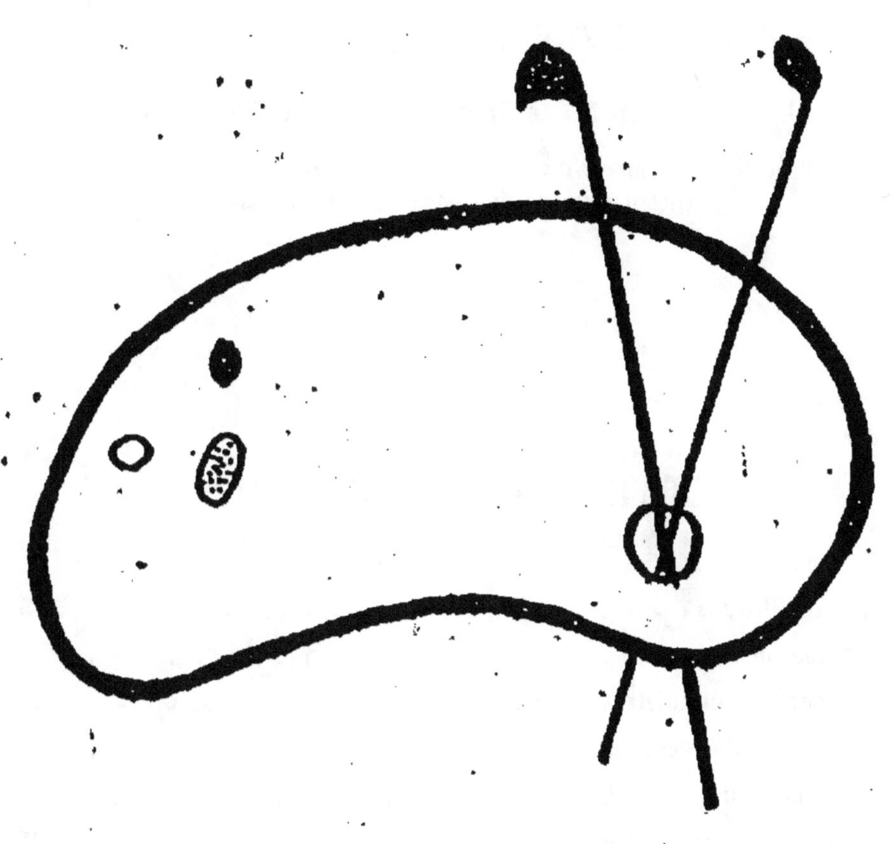

FIN D'UNE SERIE DE DOCUMENTS
EN COULEUR

OBSERVATIONS

PRÉSENTÉES

Par M. le Docteur CHERVIN

Président d'Honneur du Comité du XVIe Arrondissement de Paris
Ancien Membre du Conseil d'Administration

TABLE DES MATIÈRES

Celui-là a toujours raison qui obéit à sa conscience.

Je sais bien que la triste prudence des hommes blâme volontiers ceux qui se mêlent de « ce qui ne les regarde pas », comme on dit. Cette prudence irritait déjà Dante, préférant ceux mêmes qui se trompaient, à son avis, à ces âmes basses qui s'abstiennent quand leur intérêt direct n'est pas en jeu.

Avisé, en apparence, le calcul égoïste des indifférents est un mauvais calcul.

J'ai toujours présente à l'esprit l'admirable scène de Guillaume Tell, *de Schiller, où un vieux paysan à qui l'on conseille de ne penser qu'à sa femme et à ses enfants et de ne pas s'occuper des affaires publiques, répond qu'il s'en occupe justement parce qu'il a des enfants et que c'est pour eux qu'il veut sa patrie libre et honorée.*

Henry Fouquier.

(*Le Temps-Billet du Matin*).

16 Mai 1899

AVANT-PROPOS

Dans toutes les sociétés scientifiques, littéraires, politiques, patriotiques ou autres, il est dressé un procès-verbal authentique de ce qui se passe aux Réunions. Et il n'y a pas une Société quelconque, petite ou grande, qui oserait imprimer un procès-verbal n'ayant été ni lu, ni adopté par les intéressés.

Il est bon que les Membres de l'A. F. sachent que le procès-verbal de l'Assemblée générale imprimé dans le *Bulletin* n'est jamais, au préalable, ni lu, ni adopté et que, par conséquent, il ne présente aucune des qualités requises pour faire foi entre les parties.

J'ajoute que les éditeurs de ce qui tient lieu de procès-verbal ont émis, au sujet de sa rédaction, une série de prétentions, tellement extraordinaires, qu'il me paraît nécessaire de les faire connaître pour se faire une idée de l'esprit qui les anime.

A l'Assemblée générale de février 1897, je présentai timidement — oh combien! — quelques observations sur la gérance de notre Association. A ma demande, le projet de rédaction du procès-verbal de mes observations me fut soumis en épreuve. Mais, comme ma pensée était inexactement rendue, je dus faire quelques petites corrections. A ma grande surprise, la rédaction dont j'avais signalé les erreurs fut publiée sans une seule-

— 4 —

des corrections indiquées. C'est donc sciemment que ce procès-verbal, volontairement inexact, fut publié au *Bulletin*.

A l'Assemblée générale de février 1898, je donnai lecture d'un mémoire complet sur les lacunes de notre Administration. Je n'en exigeai pas l'impression totale, mais un simple résumé pour le *Bulletin*. Je fus invité, par une lettre officielle, à donner un résumé, que je m'appliquai à rédiger de la manière la plus concise et je présentai au Secrétariat une rédaction qui n'était autre chose que l'énoncé pur et simple des conclusions de mon mémoire. Le tout tenait en trente ou quarante lignes d'impression. On me fit dire que, dans ces conditions, ma Note serait très probablement publiée.

Au lieu de recevoir cette confirmation bien naturelle, je reçus, sans lettre d'envoi, sans signature, un papier contenant copie d'une délibération du Conseil d'Administration. Il était dit, dans ce papier, qu'il n'y avait pas lieu de tenir compte au procès-verbal de mes observations, car elles avaient été suivies d'un vote de confiance qui avait clos l'incident.

C'était un comble !

A l'Assemblée de 1899, je présentai de nouveau des observations dont je demandais mention au procès-verbal.

Voici ma lettre et la réponse qui y fut faite :

A Monsieur Muteau, secrétaire général.

Mon cher secrétaire général,

Par acquit de conscience, je viens en l'absence de tout procès-verbal, vous proposer de donner un résumé des observations que j'ai présentées à l'Assemblée générale. Je ne demande qu'une page du *Bulletin*, au maximum.

D'un autre côté, si — comme M. Le Myre de Vilers l'a annoncé — le Conseil d'administration acceptait le principe de la décentralisation, je demanderais à exposer devant lui un projet tendant à donner plus de liberté à nos Comités et à les associer en même temps d'une manière plus étroite à l'Administration de l'A. F.

La question de la représentation directe de tous nos Comités au sein du Conseil d'administration fera son chemin parce qu'elle est juste, d'une réalisation facile et qu'elle serait féconde en heureux résultats. Fort des encouragements que j'ai recueillis de bien des côtés, je suis, pour ma part, décidé à m'y employer activement. Il me semble que le Conseil d'Administration devrait prendre l'initiative de cette réforme urgente. Elle se ferait ainsi sans lutte, sans à-coup et au grand avantage de notre Association.

Je crois même qu'il faut se hâter. Car, sous l'influence de questions politiques et religieuses irritantes dans lesquelles beaucoup de membres du Conseil d'Administration sont, malheureusement pour l'A. F., très engagés, je vois poindre un certain détachement parmi nos membres, dont les démissions motivées que vous avez reçues lors des dernières élections, ne sont que les avant-coureurs.

Les Comités se plaignent, non seulement de l'immixtion de la politique dans les affaires de l'A. F., de l'absence de clarté dans nos finances, de l'apathie de la Direction qu'ils opposent à leur activité ; mais ils se plaignent aussi de la méconnaissance des services rendus par eux et du parti pris de les tenir à l'écart de tout.

On ne fera oublier les fautes commises qu'en leur donnant dans les Conseils de l'A. F. la juste part qui leur revient.

Veuillez agréer, mon cher Secrétaire général, l'assurance de mes meilleurs sentiments.

Dʳ CHERVIN.

Paris, 20 février 1899.

A *Monsieur le Dʳ Chervin, à Paris.*

Paris, le 6 mars 1899.

Monsieur et cher Collègue,

J'ai l'honneur de vous informer que communication de votre lettre du 20 février 1899 a été donnée au Conseil d'administration dans sa séance du 4 mars (1), après dépôt fait sur son bureau par M. Muteau, vice-président.

Le Conseil vous invite à déposer au Secrétariat général un projet de texte relatif au procès-verbal de l'Assemblée générale annuelle de 1899 et concernant les observations que vous avez présentées à cette réunion, *se réservant d'en faire tel emploi qu'il jugera convenable* (2).

(1) Le procès-verbal de cette séance, publié pages 50, 51 et 52 du *Bulletin* nº 74, ne contient nulle mention ni de ma lettre, ni des deux décisions du Conseil d'administration qu'elle a provoquées.

(2) La perspective de faire *tel emploi qu'on jugerait convenable* de ma

En ce qui concerne la demande que vous avez présentée au Conseil d'administration d'être entendu par lui, à l'effet de soumettre diverses observations sur un projet de décentralisation administrative de la Société, j'ai l'honneur de vous faire connaître que le Conseil a décidé *qu'il se réserve de prendre telles mesures d'information qu'il jugera convenables* quand il mettra à l'étude la question à laquelle vous vous intéressez.

Veuillez agréer, Monsieur et cher Collègue, les assurances de mes sentiments les plus distingués.

Le Secrétaire général,
L. Dufourmantelle.

Je me garderai d'ajouter un commentaire à ces trois faits indiscutables ; ils sont assez suggestifs par eux-mêmes. Je les signale toutefois à l'admiration de ceux qui ne craignent pas de recourir aux pires procédés d'arbitraire pour satisfaire leurs convoitises du pouvoir.

On comprendra mieux ainsi l'état d'âme de nos dirigeants et pourquoi ils sont si rogues et si âpres à défendre la situation qu'ils sont arrivés à se faire, grâce à l'insouciance de la grande majorité de nos Administrateurs qui, dans l'exercice de leur mandat à l'A. F., sont bien les gens les plus indifférents et les moins consciencieux qui se puissent voir.

Dès qu'on émet la moindre critique, on dirait qu'on les exproprie !

J'ai publié, en une petite plaquette de 40 pages, les observations présentées par moi à l'Assemblée générale du 21 février 1898, dont on m'avait refusé un résumé dans le *Bulletin*.

prose m'a confirmé dans ma pensée première d'en faire l'économie. Mais je tiens à signaler le petit passage suivant du procès-verbal de la séance du Conseil d'administration du 22 mars 1899 (V. page 52 du *Bulletin*, n° 74) : « Lecture est donnée du compte-rendu de l'Assemblée générale du 12 février 1899. Après observation de MM. Mayrargues, Maillet, Léger, Puaux, Marbeau, Viguier, Baron d'Avril, ce compte-rendu est approuvé ». On voit que, suivant son habitude, le Conseil d'administration s'attribue le droit de fabriquer, à sa guise, le procès-verbal. Mais, ce qu'il y a de piquant, c'est que la plupart de ceux qui ont fait des observations à ce sujet, *n'assistaient pas à l'Assemblée générale* ! !

Aucune n'a été contredite.

Elles ne pouvaient l'être. Car je suis de ceux qui n'avancent pas, à la légère, le moindre fait sans en faire immédiatement la preuve. J'ai donc donné toutes les preuves matérielles des faits que j'ai avancés, en les tirant de documents imprimés faciles à consulter. Je me suis bien gardé, en effet, de parler de pratiques regrettables dont j'ai la connaissance certaine ; mais dont la preuve matérielle eût pu faire l'objet de contestations.

Au surplus, l'expérience a montré que mes observations ont porté et qu'elles ont été jugées suffisamment concluantes.

On sait que cette brochure fit quelque bruit dans le monde de l'A. F. Beaucoup de nos collègues sentent bien que notre Association ne marche pas comme elle devrait le faire.

Mais, peu au courant des rouages de notre Administration, ils ignorent les défauts de son fonctionnement.

Ma brochure a desillé les yeux de ceux qui sont libres de leurs mouvements et de leurs pensées.

Il va sans dire que les partisans de la politique de l'autruche m'ont amèrement reproché, non seulement d'avoir osé dire et démontrer que tout n'était pas pour le mieux dans la meilleure des associations, mais surtout d'avoir commis le crime de lèse-majesté en montrant que tout le mal venait d'une demi-douzaine de tyranneaux de village qui se sont décrétés maîtres absolus de l'A. F. et prétendent à l'infaillibilité parce qu'ils ont organisé la conspiration du silence.

Ma conscience est parfaitement tranquille.

Au surplus, qui doit-on blâmer ? celui qui commet sciemment des fautes ou celui qui les fait connaître dans l'espérance qu'on les évitera une autre fois ?

L'A. F. a une haute mission morale et patriotique à remplir. Il est pénible de constater que, par suite du mauvais vouloir de quelques-uns, elle ne s'en acquitte qu'à moitié.

Il faut arracher les masques !

On a pris soin de me faire savoir que, si je ne trouvais pas mon chemin de Damas, on m'expulserait.

J'attends avec la plus parfaite tranquillité qu'on passe des menaces aux actes. Je suis membre perpétuel et, peut-être, la chose n'ira pas toute seule. Quoi qu'il en soit, le jour où il ne me sera plus possible de m'adresser directement à mes Collègues, il me sera toujours facile de le faire indirectement par la voie de la presse, et on peut penser que j'en userai largement.

Je ne dévierais pas d'une ligne de la tâche que je me suis tracée, à savoir de faire la chasse aux gaspillages de nos finances et des bonnes volontés de nos adhérents.

Donc, toutes mes observations de l'année dernière restent debout ; dès lors, il me paraît inutile de les renouveler à si courte distance. On sait, du reste, qu'elles se résument dans ces deux mots : gaspillage et inertie.

Je me contenterai donc de m'occuper, aujourd'hui, de choses nouvelles ou de revenir sur des faits particulièrement graves.

ASSEMBLÉE GÉNÉRALE

Bien peu de nos Collègues de l'A. F. assistent à l'Assemblée générale, et il faut reconnaître qu'ils sont, jusqu'à un certain point, excusables. Personnellement, je n'ai garde d'y manquer. J'aime à « frotter et limer ma cervelle contre celle d'aultruy », comme dit Montaigne. La raison, en s'ouvrant aux idées des autres, s'élargit.

Rien n'est moins intéressant que notre Assemblée générale, et il ne faut pas oublier que tout est machiné à l'avance pour qu'il en soit ainsi, afin d'écarter le plus de monde possible de cette réunion.

On en jugera par le récit de ce qui s'y passe et que ceux qui y ont assisté seulement une fois reconnaîtront pour exact.

L'Assemblée générale a lieu, depuis quelques années, le lundi gras, qui, en 1900, est le 26 février. Je trouve, pour ma part, cette date carnavalesque parfaitement choisie pour la circonstance. Je sais bien qu'il y a, quelque part dans le règlement, un article 1er qui déclare que cette Assemblée doit avoir lieu le premier jeudi de février. Mais à quoi servirait, je vous le demande, d'être le Maître des Dieux pour respecter la Loi qu'on s'est donnée à soi-même ?

Les Statuts édictent bien aussi, dans un certain article 7, que *toutes les fonctions de l'Association sont gratuites.* Cela n'empêche pas, — on le sait, — messieurs les Professeurs des Cours de vacances et notamment M. Brunot, membre du Conseil d'Administration de l'A. F., d'émarger, à raison de 50 francs l'heure, au Budget de notre Association.

Le respect de la Loi, c'est bon pour les imbéciles... dit-on !

Les adhérents de l'A. F. sont convoqués pour 10 heures du

matin, dans la grande salle de la Société d'encouragement à l'Industrie nationale, place Saint-Germain-des-Prés.

C'est une belle et vaste salle, plutôt même trop vaste, pour nos réunions.

La convocation est pour 10 heures. Il semblerait donc que les portes devraient être ouvertes au moins à 9 h. 1/2, afin que ceux qui viennent un peu à l'avance puissent y trouver asile.

En réalité, les portes s'ouvrent seulement à 10 heures passées et les personnes qui viennent à l'avance ou simplement à l'heure attendent dans la rue.

Les rares assistants arrivent peu à peu. A la vue de cette file interminable de chaises vides, surpris de cet aspect désert, ils s'asseyent à l'entrée de la salle, pas trop loin de la porte.

Vers dix heures et demie ou onze heures moins un quart, il y a une centaine d'assistants, tristes, silencieux, éparpillés dans la salle.

On voit tout d'un coup déboucher par une porte basse, dans le fond de la salle, une dizaine de graves personnages qui, silencieusement, vont s'asseoir au Bureau.

La séance est ouverte !

La parole est au Secrétaire général, qui donne lecture pendant vingt bonnes minutes d'un discours entièrement imprimé et qui n'est que le résumé des différents bulletins de l'année. Cette deuxième resucée est plutôt soporifique. Puis le Trésorier et le Contrôleur donnent également lecture de leurs rapports.

Tout est bien, parfaitement bien ; les Messieurs graves du Bureau sont enchantés. Ils consultent leur montre dans l'intention de regagner leur *home* pour le déjeuner familial.

L'année dernière, M. Tardieu, ingénieur, président du Comité d'Arles, a eu le courage de déclarer qu'il n'avait pas fait 800 kilomètres pour écouter lire des discours imprimés et que, s'il se dérangeait, c'était dans l'espérance d'entendre discuter les affaires de l'Alliance.

Espérons que son vœu sera entendu !

Depuis quelques années, un trouble-fête a la mauvaise habitude de demander la parole pour présenter des observations.

Le Président consulte du regard les Messieurs graves assis à ses côtés pour savoir si ce sacrilège sera permis. Les Messieurs graves restent muets et consternés ; ils voudraient bien s'en aller, mais ils n'osent pas. Enfin, on accorde la parole à l'importun, en l'invitant à être bref vu *l'heure avancée*.

Le trouble-fête, — qui n'est autre que votre serviteur — prend la parole et d'un ton tranquille expose, le plus clairement possible, ses observations.

A chaque instant, on l'invite à abréger vu *l'heure avancée* ; il essaye de se hâter, afin de ne pas laisser refroidir le déjeûner de ses excellents Collègues. Il offre même de remettre à une séance de l'après-midi la fin de ses explications, on lui répond qu'il est préférable d'en finir tout de suite. Mais on l'engage une dernière fois, à abréger vu *l'heure avancée*,... sous peine de se voir retirer la parole.

Ne pouvant tout dire à la fois, on finit par lui retirer la parole.

On voit alors intervenir M. Le Myre de Vilers, qui est l'orateur attitré du Bureau et du Conseil d'administration. Avec son terrible accent berrichon, il répond... qu'il ne répondra pas. Il confond et mêle tout, tape du poing sur la table, injurie le préopinant et déclare, aux applaudissements des Messieurs graves assis au Bureau, qu'il n'y a pas d'association mieux organisée, plus économe, plus prospère que l'A. F, etc., etc.

Sur ce, un vague comparse se lève, déclare qu'il n'entend rien aux affaires de l'A. F. et notamment aux questions du budget, mais qu'il propose un vote de confiance au Conseil d'administration. Ce vote de confiance, mis aux voix, est adopté par deux ou trois douzaines de mains, les autres restant prudemment baissées.

La séance est alors levée et un soupir de soulagement part des poitrines des Messieurs graves assis au Bureau et dont quelques-uns ont pris un aspect de homards cuits. Néanmoins, ils gardent un fond de tristesse en pensant qu'il faudra recommencer... dans un an.

En attendant, on se donne rendez-vous au Banquet.

Le banquet a lieu chez Marguery et, malgré l'excellence du menu, l'assistance est au moins aussi triste qu'à la séance ; personne ne se connaît, personne pour se présenter les uns aux autres.

A la table d'honneur on aperçoit les mêmes Messieurs graves qui étaient le matin au Bureau ; ils sont, de plus, encadrés d'un grand nombre d'invités, fonctionnaires des ministères pour la plupart. Les membres de province sont relégués dans les bas côtés de la table, le plus loin possible.

Il va sans dire qu'on a recruté un ministre quelconque, car il n'y a pas de banquet sans ministre. Il vient le plus ordinairement, à moins qu'il ne se fasse représenter par un petit jeune homme de son cabinet ou quelque autre fonctionnaire, auquel on remet ensuite une médaille de vermeil, pour le remercier de l'honneur qu'il a fait à l'A. F. en acceptant son invitation à dîner.

Au champagne, M. Foncin, à moins que ce ne soit M. Le Myre de Vilers déjà nommé, porte un toast au ministre, et l'on y retrouve naturellement les flagorneries habituelles. Le Ministre, qui ne sait de l'A. F. que ce que son voisin vient de lui en dire, répond par les phrases dont les clichés lui ont été transmis par son prédécesseur. On se lève pour prendre le café, et une demi-heure après il n'y a plus personne.

L'année dernière, au moment où d'un mouvement rapide M. Foncin entraînait le Ministre des Colonies qui était notre hôte ce soir, je fus assez heureux pour prendre la parole, à la volée. J'eus tout juste le temps de porter un toast aux membres de province, qui avaient quitté leurs affaires, leurs foyers pour venir causer de l'A. F. Dans le petit coin où nous étions relégués, nous trinquions encore entre voisins qui étions devenus des amis, que les Messieurs graves avaient déja filé dans la pièce où le café était servi.

Cette double cérémonie : Assemblée générale et banquet, y compris les invitations à dîner à la légion des fonctionnaires, coûte à notre budget quelques jolis billets bleus. Une année même on a dépensé près de quinze cents francs.

C'est pour rien !

Donc cette Assemblée générale, qui pourrait être si agréable et si féconde, est rendue, de propos délibéré, mortellement triste et absolument infructueuse.

DÉPENSES ADMINISTRATIVES EXAGÉRÉES

J'ai montré dans ma brochure que la moyenne de nos frais généraux de 1883 à 1897 avait été de 35 °/₀ et qu'une somme de 554,000 francs, en chiffre rond, avait été engloutie par nos diverses chinoiseries administratives.

Ce chiffre irréfutable a fait bondir d'indignation tous ceux qui n'aiment à être ni dupes ni complices du gaspillage. Mais si beaucoup se sont indignés tous bas, quelques-uns n'ont pu se décider à se joindre ouvertement à nous pour imposer une réforme complète.

Cependant, je dois dire que la publicité donnée à ce scandale administratif a fait souffler un vent d'économie... malheureusement encore trop faible.

Je suis fier du résultat obtenu, car je puis dire que c'est à mes efforts qu'il est dû.

Il faut se rappeler, en effet, que lorsque je fis entendre, pour la première fois, ma protestation au sein du Conseil d'administration, la proportion des dépenses administratives s'était élevée pendant l'année 1894 à 50 °/₀ exactement..

En 1894, en effet, 43,413 fr. 50 avaient été gaspillés en imprimés de tous genres, tandis qu'en 1899 on n'a dépensé, pour le même objet, que 15,816 fr. 46; ce qui est encore beaucoup trop (1).

C'est néanmoins une économie de 27,600 francs dont je revendique la paternité. Il est bien certain qu'elle n'aurait pas été faite sans la campagne que j'ai menée. Je n'en veux pour preuve que les colères soulevées par mes observations dans le clan qui administrait si gentiment nos finances !

De 50 °/₀ en 1894, la proportion était descendue en 1897 à 36,5, chiffre bien élevé toutefois.

En 1898, la proportion diminue encore un peu et j'avais enregistré, avec joie, le chiffre de 31,5 °/₀. Il faut savoir se contenter de peu !

Malheureusement, en 1899, la moyenne est remontée à 35,3 °/₀.

Quand donc les adhérents de l'A. F. se décideront-ils à faire entendre une protestation énergique contre un tel gaspillage !!

Car, outre qu'il est désagréable de se laisser moquer de soi, il faut remarquer que finalement ce sont nos œuvres qui en pâtissent. En effet, nos ressources ne suivent pas la progression de la fantaisie dépensière de nos Administrateurs.

En 1894, les dépenses administratives sont de 50 °/₀, et il ne reste que 66,500 francs pour donner des subventions à nos écoles.

En 1898, les dépenses administratives sont à 31 °/₀, nos écoles reçoivent 110,800 francs.

---

(1)	1894	1899
Imprimés divers.	5.286.30	1.737.74
Bulletin.	27.189.75	14.078.72
Alliance française illustrée.	10.937.45	supprimée
	43.413.50	15.816.40

En 1890, les dépenses administratives remontent à 35 °/₀, les subventions à nos écoles diminuent et ne sont plus que 102,800 francs.

Lorsque le gaspillage administratif est en hausse, nos subventions aux écoles sont en baisse.

C'est fatal !

J'espère en avoir dit assez pour donner du courage à nos collègues de l'Alliance et les décider à s'unir à nous dans la campagne d'épuration que nous avons entreprise.

COMPTABILITÉ OCCULTE

J'avais indiqué dans ma brochure (V. page 9) que la rente de 1,000 fr. constituée par Mᵐᵉ Herbet-Fournet en faveur de l'École normale de Homs (Syrie) ne figurait au chapitre des subventions, en 1897, que pour 200 francs.

A l'Assemblée de février 1899, j'avais renouvelé la même observation, en disant qu'en 1898 je n'avais trouvé qu'une somme de 500 francs, parmi les subventions votées par le Conseil d'administration à l'Ecole de Homs.

Naturellement il ne me fut rien répondu à l'Assemblée générale, car personne n'était au courant de ce qui se passait à l'Alliance. La plus complète anarchie régnait alors dans nos Bureaux, qui sont mieux au courant depuis quelques mois seulement.

J'ai eu la surprise de trouver dans le compte-rendu de l'Assemblée générale, paru dans le nᵒ 74, une réponse à mes questions. C'est M. Le Myre de Vilers qui a bien voulu se charger de me la donner. J'ai si peu souvent la satisfaction d'obtenir des réponses à mes questions, que je m'empresse d'enregistrer celle-ci textuellement : « Les libéralités des donateurs, sont régulièrement envoyées et la critique présentée en ce qui concerne l'Ecole Herbet-Fournet porte mal. Les 500 fr. votés par le Conseil se sont, en effet, ajoutés aux libéralités de Mᵐᵉ Herbet-Fournet. »

J'aime à entendre dire que les libéralités des donateurs sont régulièrement envoyées. Mais comment peut-on s'en assurer, puisque cela n'est inscrit nulle part, et que le Conseil d'administration n'en sait rien et n'en dit rien ?

Y a-t-il donc une comptabilité occulte à l'A. F? C'est possible. Mais nous avouons que cela nous paraît inadmissible dans une association patriotique comme la nôtre, où rien ne doit être caché, et surtout l'exécution des volontés d'une généreuse donatrice comme Mᵐᵉ Herbet-Fournet.

En ce qui concerne les 500 francs que M. de Vilers affirme avoir été envoyés en supplément, — ce dont je suis heureux du reste, — l'attribution de cette somme telle qu'elle a été votée par le Conseil d'administration ne porte pas *supplément*, mais simplement 500 *francs à l'Ecole Herbet-Fournet*.

Donc, ce qui *tombe mal* c'est l'explication de M. de Vilers. Pour une fois qu'il en donne, il faut avouer qu'il n'est pas heureux !

Mais je suis enchanté que mon observation n'ait pas été complètement perdue. On a pu voir, en effet, dans le même *Bulletin* 74, le détail des allocations envoyées aux Ecoles : 1° par le Siége central, 2° par les Comités directement.

C'est là une amélioration dont tout le monde appréciera l'importance. Lorsque cette publication sera absolument complète et qu'elle contiendra, pour les envois en nature, les mêmes détails que pour les envois en espèces, ce sera parfait.

Donc, cette liste nous fait connaître ce que nous ignorions jusqu'alors, à savoir : 1° les fondations, 2° les dons et subventions avec attributions spécialisées, 3° les allocations envoyées au nom des Comités de propagande, 4° les allocations votées par le Conseil d'administration.

Pendant que je suis sur ce sujet, je rappellerai ce que j'ai dit dans ma précédente brochure (v. p. 8), à savoir que, par délibération du 23 décembre 1893, le Conseil d'administration s'est engagé à employer les intérêts du legs Giffard à fonder et à subventionner dans les pays du Levant des Ecoles où sera enseignée la langue française. *Ces subventions porteront le nom du donateur*, dit la délibération du Conseil d'administration.

Il s'agit de la rente d'une somme de 125,000 francs, et cela en vaut la peine.

Or, dans la liste, incomplète évidemment, dont je parlais tout à l'heure et qui a la prétention de nous donner le détail de toutes les allocations envoyées en 1898, je ne trouve nulle part les **Ecoles** de la fondation **Giffart**, ni dans le Levant, ni ailleurs.

Que sont-elles devenues? Y a-t-il là encore quelque comptabilité occulte?

M. Le Myre de Vilers ne peut manquer de nous le dire.

BUT MANQUÉ

Le principal mérite de l'A. F. est d'être une œuvre d'initiative privée.

Malheureusement, le Conseil d'Administration a pris la mauvaise habitude de suppléer à son activité absente en frappant vigoureusement à la caisse de l'Etat-Providence.

Il en résulte que des sommes considérables mises par le Parlement à la disposition du gouvernement et notamment du Ministère des affaires étrangères pour être distribuées, par ses soins et en son nom, à des œuvres méritantes à l'étranger, sont remises aux quémandeurs de l'A. F.

Où est le mal, — dira-t-on, — si l'A. F. touche de cette manière une vingtaine de mille francs chaque année?

Attendez un peu.

La plupart du temps, l'A. F. ne prend même pas la peine de faire parvenir ces sommes aux intéressés. Elle rapporte bientôt aux caisses du ministère des affaires étrangères les sommes qu'elle en a reçues quelque temps auparavant, pour que le même ministère les fasse parvenir à qui de droit, par l'intermédiaire de nos Consuls.

C'est comme au cirque, où l'on voit les mêmes figurants sortir par une porte, rentrer par une autre et défiler plusieurs fois de suite pour faire illusion aux spectateurs.

C'est également dans le but de faire illusion que le Conseil d'administration intrigue pour obtenir l'attribution de subventions que le Ministère des affaires étrangères remettrait parfaitement sans nous, et aux mêmes œuvres.

L'A. F. distribue de cette manière des sommes qui paraissent recueillies par son initiative, alors qu'il n'en est rien.

C'est un simple trompe-l'œil qui permet à nos Administrateurs de monter facilement au Capitole et, en même temps, de noyer leurs dépenses administratives exagérées dans des recettes pour ainsi dire fictives.

Le but de l'A. F. est donc manqué, puisque, de société d'initiative privée qu'elle était et qu'elle devrait être, elle devient budgétivore.

FONDS DE RÉSERVE MENACÉS

J'ai appelé l'attention de l'Assemblée générale de février 1890 sur un point qui a paru fort l'intéresser.

Voici ce dont il s'agit :

Sur la proposition de M. Le Myre de Vilers, le Conseil d'administration, dans sa séance du 6 juillet 1808, a nommé une commission composée de MM. Mayrargues, abbé Pisani et Tranchant pour examiner « *s'il n'y aurait pas lieu de reverser*

« dans la disponibilité les cotisations des Sociétaires perpétuels décédés. »

Il est évident que si une pareille mesure était votée, elle irait à l'encontre des intentions formelles des Sociétaires, qui, en acquittant une cotisation perpétuelle, ont voulu ainsi assurer la perpétuité de leur participation matérielle à l'œuvre de l'A. F.

J'ajoute que l'article 10 des Statuts approuvés par le Conseil d'Etat porte expressément que les fonds de réserve constitués par les cotisations des membres perpétuels sont *inaliénables*.

J'ai donc protesté énergiquement contre la proposition spoliatrice et anti-statutaire de M. Le Myre de Vilers. Nombre de mes collègues ont joint leurs protestations aux miennes. Si bien que devant le tolle unanime de récriminations, le Bureau, — qui s'était bien gardé de mettre cette question à l'ordre du jour — a été obligé de s'engager à ne prendre aucune mesure sans l'assentiment de l'Association.

Nos lecteurs, que j'ai mis au courant du peu de sincérité des comptes-rendus publiés par les soins du secrétariat, ne seront pas surpris, en parcourant le Bulletin n° 74 qui contient ce compte-rendu, de ne trouver aucune trace de la discussion de cette grave question.

Depuis l'Assemblée générale de 1898, je n'ai plus entendu parler de la proposition Le Myre de Vilers.

Mais je ne saurais trop encourager les Comités à mettre la question à l'étude et à transmettre leurs protestations non seulement au Secrétariat, mais encore à les communiquer à tous les Comités, pour lui donner toute la publicité possible, s'ils ne veulent pas s'exposer à la voir mettre au panier.

Car cette proposition peut revenir, inopinément, devant l'Assemblée générale et l'on sait que ces réunions sont organisées et préparées pour qu'il y vienne le moins de monde possible, ce à quoi on réussit parfaitement du reste, puisqu'il n'y a jamais plus de 100 à 150 membres présents. S'il n'y a pas une protestation énergique à l'avance, le vote peut donc être enlevé facilement, par la mobilisation préalable de cette catégorie de fonctionnaires arrivistes trop nombreux à l'A. F., et qui n'y sont affiliés que pour faire la cour à leur grand chef et aider ainsi à leur avancement hiérarchique.

Il faut donc agir, sans tarder, pour repousser la funeste proposition Le Myre de Vilers.

Il est facile de comprendre que ceux qui poussent le plus au gaspillage de nos ressources annuelles ne seraient pas fâchés de pouvoir disposer des cotisations perpétuelles. C'est là une tentation qui les aiguillonne. On commencerait par les cotisations des sociétaires décédés, on continuerait par celles de ceux qui tarderaient trop à mourir. Et, comme tout cela se passerait sous le manteau de la cheminée, on apprendrait, par hasard, un beau jour, que tout a été dilapidé et qu'il n'y a plus de fond de réserve.

EXPOSITION

Il a été prélevé sur nos budgets, pour les dépenses de l'Exposition :

En 1897.	1,000 francs
En 1898	5,000 —
En 1899	3,000 —
En 1900.	3,000 —

Soit 12,000 francs pour assurer la participation de l'A. F. à l'exposition.

J'ai protesté dans ma brochure (v. pages 10 et 11) contre ce gaspillage inutile.

Voyons ce qu'on va faire avec ces 12,000 francs.

Une petite note officielle parue au *Bulletin* n° 74, p. 40, nous fixe à cet égard :

« Nous sommes heureux d'annoncer à nos adhérents qu'un pavillon spécial édifié dans le jardin du Trocadéro abritera notre exposition et qu'il y sera organisé des cours élémentaires de langue française et de conversation pratique *à l'usage des indigènes de nos colonies, des pays de protectorat et des étrangers qui seront venus à Paris pour le service de leurs sections respectives.* »

Disons, tout d'abord, que le Pavillon en question est un véritable édifice qui représente bien une dépense de 7 ou 8,000 francs ; il a été construit, pour l'A. F., aux frais du ministère des colonies. Cela porte à près de *vingt mille francs* les sommes engagées par l'A. F. à l'Exposition !

Je me demande dans quelles conditions se fera le recrutement de ces élèves.

On sait, en effet, que les personnes au service des sections disposent généralement de peu de liberté. Il est vraisemblable que, lorsqu'elles auront un peu de loisir, elles l'emploieront à toute autre chose que d'aller suivre des cours de français. Mais enfin, supposons qu'elles aient cette intention méritoire. Y aura-t il des professeurs, en permanence, pour donner des leçons, à toute heure du jour, aux personnes qui se présenteront ?

Puis comment faire la classe au milieu du brouhaha des allants et venants ?

Enfin, après tout, peut-être que je me trompe. Peut-être qu'entre deux danses du ventre, nous verrons quelques belles odalisques aller prendre des leçons de conversation française pratique.

CONGRÈS

Dans la séance du 23 janvier 1890 (v. page 48 du *Bulletin* n° 74), le Conseil d'administration a décidé, sur la proposition de M. Brunot, « la réunion d'un Congrès dans lequel seraient exposées et discutées les différentes méthodes d'enseignement de la langue française à l'étranger ».

Voilà un an qu'une grave commission étudie ce projet ; il ne nous a pas encore été donné de savoir ce qu'elle avait décidé.

En fait de Congrès, je crois qu'une réunion jettant les bases d'une décentralisation généreuse et vivifiante présenterait une utilité au moins aussi grande que celle du Congrès pédagogique.

Gageons qu'elle n'aura pas lieu !

COURS DE VACANCES

Il est indéniable que nombre de nos adhérents ont été absolument stupéfaits d'apprendre que les professeurs des cours de vacances étaient payés à raison de 50 fr. l'heure.

Plusieurs m'ont écrit pour me demander si je n'exagérais pas, tant la chose paraissait scandaleuse.

Il est certain que notre Conseil d'administration n'avait pas crié la chose sur les toits et qu'il a été fort ennuyé de voir ses savantes combinaisons percées à jour. Il a essayé de différentes manières d'éluder les difficultés causées par la publicité donnée à ce petit scandale.

On croira peut-être qu'il a essayé de chercher à organiser un enseignement gratuit, comme le font une foule de sociétés, qui ont le respect de leurs adhérents.

On a préféré nous faire observer que « les professeurs des cours de vacances reçoivent la rémunération de services professionnels rendus à une époque où le concours qu'ils nous apportent doit même être considéré comme acte de dévouement (1) ».

Examinons successivement ces deux excuses : notons, en passant, que dans le Budget de prévision adopté par le Conseil d'administration dans sa séance du 4 février 1890 (2), le crédit des dépenses du cours des vacances était fixé à 17,000 francs. Il a atteint 18,577 francs pour un nombre inférieur d'élèves à celui des autres années.

Les cours de vacances ont lieu du 1er juillet au 31 août.

Ils ont lieu en deux séries :

Première série, mois de juillet. Tous les professeurs qui ont fait les cours de juillet 1899 habitent Paris et étaient retenus à Paris par leurs fonctions mêmes ; de telle sorte que leur dévouement n'a pas été d'une intensité extraordinaire.

Deuxième série, mois d'août. Les cours ont été faits par des professeurs venus de Caen, de Bordeaux, de Dijon, d'Amiens, absolument comme s'il n'y avait plus un seul professeur à Paris. En réalité, c'était pour procurer à de jeunes professeurs l'occasion d'un voyage payé à Paris : on n'a que l'embarras du choix pour trouver des professeurs de Province disposés à venir passer un mois à Paris, aux frais de l'A. F., qui leur remet pour cette preuve de *dévouement* 4 ou 500 francs, suivant qu'ils ont donné 8 ou 10 leçons dans le mois.

C'est un genre de dévouement à la portée de beaucoup de gens.

On nous a objecté ensuite que s'il était vrai qu'un grand nombre d'associations avaient des professeurs gratuits, c'étaient des professeurs médiocres, tandis que l'A. F. voulait des pro-

---

(1) V. le *Bulletin* n° 74 page 97, ligne 35.
(2) Voir n° 74, page 49.

fesseurs hors ligne, sous tous les rapports, et que pour les avoir il fallait les bien payer.

Si je voulais donner la liste des savants de premier ordre qui, sans ostentation, donnent leur temps à des œuvres pédagogiques ou patriotiques, je n'en finirais pas. Je laisse donc cet argument de mauvais goût à ses auteurs.

Je ne parle pas non plus des cours de vacances qui ont lieu à Nancy, Caen, etc.; les conditions sont complètement différentes et ne peuvent pas se comparer aux cours de Paris.

Je me borne à donner un coup d'œil sur l'enseignement des professeurs *hors ligne* du Conseil d'administration de l'A. F.

Je veux faire une première observation, c'est qu'on devrait bien choisir des professeurs prononçant le français d'une manière acceptable. D'aucuns sont affligés d'un accent méridional ou limousin tellement grotesque, qu'ils sont la risée de leurs auditeurs étrangers. J'ajoute que l'objet principal du voyage de ces étrangers, c'est de se perfectionner dans la prononciation française et qu'ils se plaignent, à juste raison, de ne pouvoir se retrouver au milieu de tous ces accents locaux.

Enfin il en est un qui a la fâcheuse habitude de répéter constamment des phrases comme celle-ci : *Est-ce pas ?* Une de ses auditrices a compté qu'il l'avait répété plus de 60 fois pendant l'heure de son cours. C'est souverainement ridicule.

J'ai déjà indiqué qu'un de ces professeurs *hors ligne* avait pris comme programme de son Cours des questions comme celles-ci :

— Ce que le Français des classes moyennes pense de la politique extérieure.

— La France d'aujourd'hui : *Perfections* de l'appareil administratif.

Et je disais : « on croit rêver quand on pense que ce sont là des sujets traités devant des étrangers et en majeure partie des Allemands ! »

Cette année c'était mieux encore : un des professeurs a traité la question des rapports des Eglises et de l'Etat. Enfin il a mis le comble à son irresponsabilité en discourant sur la neutralité de l'Alsace-Lorraine ! Les auditeurs allemands eux-mêmes n'en croyaient pas leurs oreilles ! Et voilà les professeurs hors ligne qu'on fait venir d'Amiens pour débiter de pareilles incongruités.....

Le grand argument qu'on fait valoir, c'est que le traitement des professeurs chargés des cours de vacances, n'est point prélevé sur les ressources ordinaires de la Société, mais exclusivement sur le produit des inscriptions des auditeurs aux Cours.

On lit même dans le rapport financier de l'année 1898 (1) : « Le chapitre des cours de vacances se solde régulièrement par des recettes supérieures dont nous pourrions nous contenter de faire figurer simplement l'excédent à nos recettes. »

Quand on pense que nous en sommes là au point de vue de la sincérité de notre comptabilité ! Ce serait, en effet, d'une simplicité magique. Il suffirait de défalquer toutes les dépenses et d'apporter uniquement le chiffre des excédents.

Mais laissons là ces billevesées, qu'il est trop facile vraiment de crever du bec de la plume.

La preuve que le traitement des professeurs est prélevé sur le budget même de l'A. F., c'est que le Conseil d'administration, après discussion, a pris la délibération suivante dans sa séance du 24 décembre 1898 (2) :

« Le Conseil décide que l'A. F. restera toujours bénéficiaire des recettes des cours, comme, le cas échéant, elle sera garantie de l'excédent des dépenses et que le budget des cours de vacances continuera à faire partie du budget général. »

Il me semble qu'après cette décision formelle, il n'y a plus à ergoter.

Les *12,000 francs* de traitement prélevés par les professeurs

<hr>

(1) Voir *Bulletin* n° 74, p. 83, ligne 4.
(2) Voir *Bulletin* n° 74, p. 46, ligne 26.

pour les deux mois de vacances sont détournés du buget de notre œuvre. Je répète ce que je disais l'année dernière :

« Il est inadmissible que, sous le couvert de cours de vacances, des membres de notre Association, des membres de notre Conseil d'administration surtout, émargent à notre budget contrairement à nos Statuts, qui proclament que toutes les fonctions de l'Association sont gratuites.

Les Statuts de la Société et la moralité la plus vulgaire protestent hautement contre une pareille conduite.

RÉPARTITION GÉOGRAPHIQUE DES SUBVENTIONS

J'ai montré, dans ma brochure, que la plus grosse part de nos subventions vont dans le Levant. Le tableau ci-dessous en est une preuve nouvelle :

ALLOCATIONS ENVOYÉES PAR LE SIÈGE CENTRAL EN 1898.

(V. le *Bulletin*, n° 74, p. 92)

	En espèces	En nature	Total
Afrique	8.500 05	5.669,10	14.175,15
Amérique du Nord. . .	2 600 »	5.714,42	10.814,42
Amérique du Sud . . .	2.500 »		
Europe	8.100 »	3.829,60	11.929,60
Extrême Orient. . . .	9.280 »	4.359,35	13.639,35
Levant	53.615 »	6.043,05	59.658,05
Océanie	rien »	rien	rien
	84 601,05	25.615,52	110 216,57

Je disais et je répète : Sans doute nous avons dans le Levant des intérêts séculaires qu'il ne faut pas négliger, mais il ne faut pas ignorer que l'A. F. n'a pas de ce côté des obligations particulières à remplir, *bien au contraire.*

En effet, si cette région est particulièrement importante, il faut reconnaître qu'elle est particulièrement choyée, tant par le Gouvernement lui même, que par des Associations privées.

Je n'essayerai pas de faire le compte exact des sommes envoyées dans le Levant, c'est chose presque impossible; mais je citerai quelques-unes des sources principales qui servent à alimenter l'influence française dans cette région.

1° *Les Chambres* mettent à la disposition du ministère des affaires étrangères une somme d'un million pour être employé en « allocation aux Etablissements français en Orient ».

2° *L'œuvre des Ecoles d'Orient* dispose de 150,000 francs environ en faveur d'établissements situés exclusivement dans le Levant.

3° *La Propagation de la Foi*, sur les 7 millions qu'elle distribue chaque année à ses missions, donne environ 2 millions dans la même région du Levant.

4° Il y a une foule d'œuvres françaises ayant des ressources personnelles très importantes que j'évalue pour mémoire à un million au moins, afin de ne pas allonger outre mesure ces observations.

On voit par ce simple énoncé, très incomplet, que la propagande française dispose d'au moins 4 millions dans le Levant.

C'est déjà quelque chose.

On sait que c'est surtout en Afrique et en Asie, particulièrement en Extrême-Orient, que les deux grandes sociétés de propagande catholique font porter leurs efforts. La Propagation de la Foi y emploie environ cinq millions et la Sainte-Enfance un peu plus de trois millions.

Par contre, elles dépensent à peine 25,000 francs en Amérique et 130,000 francs en Océanie, et encore faut-il remarquer que, contrairement à ce qui se passe en Asie et en Afrique, ce ne sont pas, le plus souvent, des œuvres particulièrement françaises qui en profitent.

Donc, au point de vue de la propagande française qui est ici notre seule préoccupation, il semble bien démontré que nous devrions faire porter nos efforts sur les points où l'influence française est le plus en souffrance; j'ai nommé l'Amérique et l'Océanie.

Or, je viens de montrer par le petit tableau de la page précédente que tandis que nous avons envoyé 60,000 francs dans le Levant, nous n'avons pas envoyé un sou en Océanie, et à peine 10,000 francs dans les deux Amériques.

Il y a là une disproportion choquante, qui doit être réparée au plus tôt.

A l'appui de mon opinion, je suis heureux de signaler l'initiative prise par M. Gervais, député de la Seine, qui a déposé le 29 mars 1899 une proposition de loi tendant à faire ouvrir, au budget des Affaires étrangères, un crédit de 50,000 francs pour subventionner les écoles de langue française dans l'Amérique du sud. M. Gervais, dans l'exposé des motifs, fait ressortir que, dans les pays latins d'Occident (Amérique latine), l'influence allemande gagne beaucoup de terrain, grâce aux mesures prises pour l'éducation de la jeunesse.

« Il y a, dit-il, un grand effort à faire pour enrayer le teutonisme dans les pays d'origine latine, où il s'efforce de s'emparer des générations nouvelles. Nous pouvons encore, si nous le voulons, trouver dans ces pays de l'Amérique latine une population scolaire nombreuse.

« Maintenir le caractère français chez les enfants créoles de nos émigrés, entraîner les indigènes dans l'orbite française, conserver au milieu des races latines notre prédominance, notre hégémonie morale et scientifique, c'est, naturellement, dans l'ordre commercial, conserver notre clientèle.

« Le but qu'il faut atteindre, c'est de donner un puissant essor aux institutions déjà existantes et de provoquer la création d'écoles dans les centres qui en sont actuellement dépourvus. »

M. Gervais présente ensuite un tableau de l'état des écoles au Mexique, à Costa-Rica, au Pérou, au Chili, etc.

Cette proposition a été renvoyée à l'examen de la Commission de l'enseignement. Souhaitons qu'elle aboutisse promptement.

Il n'est que temps d'agir si nous ne voulons pas être complètement supplantés par nos rivaux politiques et commerciaux : les Anglais et les Allemands.

L'A. F. doit faire un vigoureux effort pour soutenir notre influence en Amérique et en Océanie.

L'histoire n'est plus ce qu'elle était autrefois, le récit des hauts faits des paladins et des hommes de guerre ; elle est devenue surtout économique.

On perd et l'on gagne des batailles économiques, qui changent la face d'un pays mieux que ne peuvent le faire les événements militaires.

L'axe des affaires commerciales, politiques, scientifiques, a changé d'inclinaison. C'est à nous d'en savoir suivre le mouvement.

Les rares lecteurs du *Bulletin* ont peut-être remarqué que, cette année, la liste des Écoles subventionnées par l'Alliance n'a pas été publiée. Cela appelle une courte explication.

Tous les ans, on voyait sur un papier de couleur rose et sous ce titre alléchant : *Écoles subventionnées par l'A. F.*, une liste interminable embrassant tous les pays du monde. Cette vue seule donnait une haute idée de l'action de notre Association.

Il n'y avait qu'un malheur, c'est que pour cela, comme pour beaucoup d'autres choses, c'était un simple trompe-l'œil.

Le Comité de Roubaix s'en est bien aperçu. Il écrivit successivement aux Directeurs de deux ou trois de ces Écoles auxquelles il avait l'intention de s'intéresser, et il eut la malechance que les lettres revinrent avec la mention : *inconnu, introuvable, disparu !*

Le Comité de Roubaix demanda une explication au Siège central, qui fut obligé de reconnaître que la liste... n'était pas à jour !

Depuis, on n'en publie plus, afin de ne pas établir une fâcheuse comparaison entre une nouvelle liste, courte mais exacte, et l'ancienne plutôt un peu longuette mais parfaitement fantaisiste.

Et nunc erudimini !

DÉCENTRALISATION

Ceux qui ont assisté à l'Assemblée générale dernière, de février 1899, ont entendu M. Le Myre de Vilers promettre de travailler à la décentralisation de notre Association. Il faut remarquer que M. de Vilers ne parlait pas seulement en son nom personnel, mais que, suivant une habitude qui lui est chère, il était le porte-parole du Conseil d'administration.

C'est pour cela que, le lendemain, je demandais à être entendu sur cette question, qui me tient tant au cœur, car j'y vois la renaissance de notre Association. On a vu qu'il me fut répondu que lorsque le moment serait venu, on verrait. Et de fait, comme sœur Anne je n'ai rien vu venir.

Or, M. le Myre de Vilers a paru à peine deux fois aux séances du Conseil, prenant exemple sur son chef de file, le président Foncin, qui restait six mois sans y assister. Faut-il, après cela, s'étonner que oncques n'entendit parler de la décentralisation ?

Tous ceux qui, sans parti pris, examineront la manière dont notre Association est dirigée seront profondément écœurés.

Ils y verront des gens uniquement préoccupés à esquiver leur tâche et à jeter la poudre aux yeux des naïfs.

Pas d'explication loyale où l'évidence fait loi ; des phrases, des discours pompeux exposant avec emphase tout ce qu'on doit faire, tout ce qu'on fera... demain. Mais demain ne vient jamais. Les complices savent parfaitement à quoi s'en tenir, les convaincus espèrent toujours, contre toute espérance, et les années passent.

Nos gens ne pensent à l'A. F. que lorsqu'il faut parader dans quelque cérémonie où ils célèbrent eux-mêmes leurs propres louanges, en présence de naïfs qui, sans examen, croient à leur dévouement. Mais ne comptez pas sur eux s'il y a une besogne à accomplir, un coup de collier à donner : s'il faut en un mot payer de sa personne.

Vous ne les verrez apparaître que s'il y a une curée à se partager, comme pour les cours de vacances.

J'ai montré que nos dépenses administratives étaient exagérées, que nos fonds de réserve étaient menacés, que nos administrateurs se partageaient nos recettes.

Quel remède à opposer à tous ces maux ?

Il n'y en a qu'un seul : décentraliser.

Le jour où la décentralisation existera, au lieu de la veulerie et de la lâche complaisance d'administrateurs complètement ignorants, pour la plupart, des choses qu'ils ont accepté d'administrer, nous verrons succéder un contrôle sérieusement organisé et surveillé par des gens ayant mis la main à la pâte.

J'ai montré dans ma brochure que, sauf de très rares exceptions, la plus grande partie de nos Administrateurs ne prennent aucune part à la direction de l'A. F.

En premier lieu, il faut citer le Président M. Foncin, qui, en 1899, comme les autres années du reste, n'a pas même assisté à la moitié des séances du Conseil d'administration (1). Voilà, on en conviendra, un singulier président !

(1) Ne pas oublier qu'il avait donné sa démission de secrétaire général, en 1897, dans les termes suivants : « Mes fonctions et mes tournées officielles, mes séjours dans le midi et surtout mes travaux personnels,

Je ne peux m'empêcher de signaler également M. Brunot, qui émarge à notre budget pour ses leçons du cours de vacances, mais qui n'a pas trouvé le temps d'assister à plus de trois séances du Conseil d'administration, sur les 13 qui ont été nues. Ah ! s'il y avait un jeton de présence !

MM. Zadoc-Kahn, Dreyfus, Reinach, d'Arenberg, Müntz, Le Myre de Vilers, Meyer, etc., ont montré par leur inexactitude, leur parfaite inutilité au Conseil d'administration.

Il faut remplacer tous ces indifférents par des hommes actifs et dévoués.

Il ne suffit pas de mettre la main sur son cœur et de prendre le ciel à témoin de ses bonnes intentions ; le premier devoir d'un honnête homme est de n'accepter que les charges qu'il est disposé à remplir.

Ce ne sont pas des figurants qu'il faut à une œuvre comme la nôtre, qui a tant besoin de se montrer active et agissante.

Il lui faut des hommes payant de leur personne et dévoués, non en paroles, mais en action.

Il nous faut surtout des hommes habitués aux affaires, connaissant le prix du temps et de l'argent, ayant l'habitude de l'ordre, et d'esprit assez large pour ne pas considérer comme un ennemi personnel celui de leurs collègues qui pourrait ne pas partager entièrement leur avis, mais assez franc et assez loyal pour le dire ouvertement et sans arrière-pensée.

La consigne est de ronfler, et surtout d'avoir pleine et entière confiance, — une confiance de charbonnier, — dans notre Conseil d'administration, qui. . que... etc.

Il n'y a pas d'association, qui ait groupé un plus grand nombre d'hommes de cœur, mais il faut dire aussi qu'il n'y en a

m'empêchent de consacrer plus longtemps une ou plusieurs heures par jour à l'administration de la Société. Si je rentre dans le rang, je suis prêt à la servir encore, selon mes loisirs *limités* et selon mes moyens. »

Cela ne l'a pas empêché d'intriguer pour se faire porter à la Présidence, dont il ne remplit les fonctions que selon ses loisirs... *limités*.

pas non plus qui en ait découragé un plus grand nombre par l'esprit étroit qui préside à sa direction.

Pendant ce temps, de puissantes Sociétés propagent dans le monde le nom, la langue et le commerce anglais et allemand.

Je n'apprendrai rien à personne en signalant notamment l'étonnante activité de l'Allemagne sur ce point.

Il me suffira de citer l'Union pangermanique dirigée avec un zèle extraordinaire par le Docteur Hasse, député de Leipzig au Reichstag, et qui compte 18,000 adhérents, la Société générale des Ecoles Allemandes, l'Union pour la diffusion de la langue allemande, l'Union évangélique, la Société Gustave-Adolphe, etc., etc., sans compter de nombreuses *Jugendbunde* ou *Ligues de jeunes gens*, qui depuis un an sont fondées dans toutes les villes de l'Empire pour gagner la jeunesse à l'idée d'une extension de l'Allemagne au dehors.

Pendant ce temps-là, nous gaspillons 35 % de nos dépenses en frais d'administration, et certains de nos Administrateurs poussent le patriotisme jusqu'à prélever une dîme impie sur notre caisse !

Je demande donc la plus grande décentralisation possible, je demande que la plus large autonomie soit laissée aux Comités pour disposer de leurs recettes, de toutes leurs recettes, suivant leur désir et au mieux des intérêts patriotiques que nous avons en vue.

Enfin, je demande que le Conseil d'administration soit reconstitué sur des bases rationnelles, et je formule ma proposition de la manière suivante : Le Conseil d'administration se compose des délégués des Comités français de propagande, à raison de 1 délégué par 50 membres ou fraction de 50 membres.

Rien ne serait plus facile que d'organiser l'A. F. sur ces bases généreuses et vivantes.

Il suffirait de vouloir.

Je n'ai pas la fatuité d'élever, à moi tout seul, cet édifice. Mais le jour où les Comités voudront se réunir pour cette révision de notre misérable constitution, j'apporterai ma contribution à cette tâche.

J'ai un projet pratique qui n'exigera pas de dérangement inutile aux délégués des Comités au Conseil d'administration et qui associera directement les Comités à l'œuvre de l'A. F. au lieu de leur laisser uniquement le rôle de collecteur anonyme d'impôts.

Le jour où les Comités seront bien convaincus qu'on se moque d'eux, que leur dévouement est mis en coupe réglée par d'habiles metteurs en scène, ils n'auront qu'à le dire. Je suis, pour ma part, disposé à combattre pour l'émancipation de notre Association. Je demande à servir comme simple soldat dans la phalange de ceux — et ils sont beaucoup plus nombreux qu'on le croit — qui attendent avec impatience le moment de rendre à notre Association l'activité et la vigueur qui lui font actuellement défaut pour le but que nous poursuivons, pour le développement de l'influence française à l'étranger.

CE QU'IL FAUT FAIRE

Que devons-nous faire, — me demande-t-on, — pour tirer l'A. F. du marasme où l'ont plongée les déplorables habitudes administratives du siège central ?

Il faut, tout d'abord, que ceux de mes collègues qui recevront la présente brochure se pénètrent bien de cette idée que mes observations sont d'une scrupuleuse exactitude. Pour cela, il faut qu'ils prennent la peine de vérifier tous mes dires. La chose ne sera ni longue ni difficile, car j'ai pris soin de placer à côté du fait incriminé, l'indication bibliographique permettant de le vérifier.

Cette vérification s'impose absolument ; car j'ai rapporté des faits tellement invraisemblables qu'on serait tenté de croire que j'ai exagéré, et même de douter de leur authenticité alors qu'ils sont, malheureusement, d'une exactitude mathématique. Il va sans dire que je me mets à l'entière disposition de ceux de mes collègues qui désireraient préciser des faits qui leur paraîtraient obscurs. Ils n'ont qu'à m'écrire ; je m'empresserai de leur répondre.

Une fois qu'on sera bien persuadé que je suis *au-dessous de la vérité*, il faudra agir avec vigueur pour éviter le retour des faits regrettables qui paralysent l'action de l'A. F.

Il faut communiquer ma brochure au Comité, l'inviter à s'en pénétrer et à prendre une délibération en conséquence. Cela fait, aviser le Siège central que le Comité demande formellement la décentralisation, la réorganisation du Conseil d'administration et l'autonomie financière du Comité.

La première résolution à prendre, c'est de ne plus envoyer un sou au Siège central, avant qu'il ait donné satisfaction à ces justes réclamations.

Depuis ma brochure où je recommandais cette même tactique, M. Foncin, comprenant le danger, s'est déjà départi de sa raideur habituelle. Jusqu'ici, la moitié du produit des cotisations seulement était laissée à la disposition des Comités. Sur sa proposition, le Conseil d'administration a daigné consentir que cette remise fût portée aux deux tiers (1).

C'est toujours cela de sauvé du gaspillage ! Mais ce n'est pas assez ; il faut réclamer la libre disposition de la totalité. Les Comités sont assez intelligents et assez grands garçons pour faire eux mêmes la répartition des ressources qu'ils ont su créer par leur activité et leur dévouement.

Lorsque cette autonomie financière des Comités sera deve-

(1) Voir séance du 7 janvier 1859 dans *Bulletin* 74, page 47. « M. Foncin fait connaître qu'un certain nombre de Comités ayant pris des Écoles sous leur patronage, seraient désireux de voir augmenter la proportion des ressources qu'ils peuvent affecter à ces Écoles. Il propose que cette proportion, qui est actuellement de la moitié des cotisations annuelles, soit portée aux deux tiers. »

nue la règle, nous obtiendrons facilement la réorganisation du Conseil d'administration dans le sens de la décentralisation et de la participation directe des Comités, comme cela se fait pour les œuvres bien organisées.

Il y a des personnes qui m'ont objecté qu'il n'est pas possible, d'une part, de laisser sans ressources le Siège central et, d'autre part, de se passer de lui pour envoyer des fonds aux Écoles.

Je me hâte de dissiper ces deux erreurs :

1° Le Siège central a des ressources personnelles qui lui permettent de se mouvoir très largement ; c'est même ce qui le rend si arrogant vis-à-vis des Comités. Ces ressources ce sont des rentes, des cotisations des membres très nombreux n'appartenant à aucun Comité, des subventions, des donations, etc., etc.

Donc en ne lui envoyant pas un sou, c'est bien plutôt une action morale que nous exercerons sur le Siège central qu'une privation effective de ressources.

2° Il ne faut pas se laisser prendre à la mention faite dans nos Bulletins : *qu'en raison des facilités dont bénéficie le Siège central pour l'envoi des subventions à l'étranger, il est préférable que les Comités se servent de l'intermédiaire du dit Siège central pour transmettre leurs allocations aux Écoles qu'ils patronnent.*

C'est une erreur de croire que le Siège central a des facilités particulières. En réalité, il n'en a aucune. Tout ce qu'il peut faire, c'est, — comme je l'ai déjà dit, — de déposer l'argent au ministère des affaires étrangères, qui le fait parvenir, sans frais, au Consul ou à l'agent consulaire français, lequel le transmet à son tour à l'intéressé. On voit d'ici par quelle filière il faut passer !

Si on économise quelques sous, on perd un temps précieux, nullement en rapport avec le service rendu. En voici un exemple :

Le vaillant Comité de Caen avait envoyé 200 francs, en avril 1809, au Siège central, en le priant de transmettre cette somme au P. Finoulot, directeur de l'École française du carénage à Saint-Thomas, Antilles danoises.

Dans sa séance du 6 mai, le Conseil d'administration ratifiait l'envoi de cette subvention du Comité de Caen.

Le Secrétariat, voulant mettre à profit les fameuses facilités dont il bénéficie, résolut d'envoyer l'argent par l'intermédiaire du ministre des affaires étrangères.

C'est seulement vers le 12 juin que la somme était déposée au ministère des affaires étrangères pour être remise au P. Finoulot.

Le ministère des affaires étrangères ne l'expédiait que le 21 juillet.

Il y avait donc près de trois mois que le Comité de Caen avait envoyé son argent ! Mais ce n'est pas tout.

Le ministère des affaires étrangères n'avait pas envoyé la somme directement au P. Finoulot, mais à l'agent consulaire français à Saint-Thomas. Or, cet agent étant décédé, l'argent n'avait pu lui être remis et fut retourné au ministère des affaires étrangères, qui le réexpédia à Saint-Thomas.

Bref, l'argent ne parvint aux mains du destinataire qu'au mois d'octobre, c'est-à-dire six mois après qu'il avait été expédié par le Comité de Caen au Siège central ! !

Voici maintenant la contre-partie :

M. André Charruaud, président du Comité de Saint Maixent, voulut envoyer 50 francs à la même école de Saint-Thomas. Comme M. Charruaud est un négociant habitué aux affaires, il prit simplement un mandat-poste de 50 francs, pour lequel il eut à débourser cinquante centimes de frais, et trois semaines après le P. Finoulot avait l'argent.

Après cet exemple topique, l'opinion de chacun doit être faite sur l'utilité de l'emploi du ministère des affaires étrangères pour transmettre des fonds à nos écoles.

Donc, il n'y a pas d'hésitation à avoir : il ne faut pas envoyer un sou au Siège central :

1° Parce qu'il a des ressources suffisantes et qu'il gaspille 35 °/₀ en frais généraux ;

2° Parce que les Comités ont à leur disposition la poste et les banques qui transmettront, à peu de frais, leur argent directement et surtout rapidement aux intéressés et avec toute la sécurité désirable. De plus, cela leur fournira l'occasion d'entrer directement et agréablement en communication avec leurs protégés.

.·.

Sur 46 membres du Conseil d'administration, 26 sont des fonctionnaires en activité ou en retraite.

Le Bureau se compose de 12 membres, 7 sont des fonctionnaires en activité ou en retraite.

On voit que les fonctionnaires sont maîtres de l'administration de l'A. F. Naturellement ils lui ont infusé beaucoup de leurs qualités, mais aussi quelques-uns de leurs défauts : la paperasserie, la lenteur, l'indifférence.

Le même fait se reproduit dans nos Comités de province, et cela explique en partie la difficulté que quelques-uns éprouvent à se développer.

Les fonctionnaires sont des hôtes de passage, sans attaches locales, et bien souvent sans indépendance. M. Foncin, président de l'A. F., est inspecteur général de l'instruction publique. Il en résulte qu'il peut mettre et qu'il a mis au service de l'Alliance une foule de professeurs, ceux surtout qui enseignent l'histoire. L'A. F. a donc trouvé dans l'Université un concours précieux, surtout comme conférenciers,

Mais aujourd'hui que la lutte s'engage entre l'esprit bureaucratique, représenté par M. Foncin, et l'esprit du progrès représenté par un certain nombre de Comités jeunes, actifs et voulant aller de l'avant, ces professeurs sont à la fois gênés et gênants. Toutes les fois que les Comités veulent prendre une résolution qui pourrait aller à l'encontre de la pensée de M. Foncin, on voit les universitaires supplier leurs collègues de n'en rien faire pour ne pas les exposer aux foudres de leur inspecteur général, qui supporte mal la plus légère contradiction. Pour ne pas désobliger des collègues aimables, on les contraint de marquer le pas, et pendant ce temps le Comité dort, à moins qu'il ne se disloque complètement.

D'un autre côté, il est bien certain qu'à chaque mutation administrative, — et Dieu sait si elles sont nombreuses dans certains départements, — c'est une cause de trouble pour le Comité qui perd un président, un secrétaire, qu'on commençait à connaître et à apprécier.

A tous égards, il paraît donc préférable, sans repousser le concours de personne, de ne confier les fonctions directrices d'un Comité qu'à des personnes stables, à des notabilités des carrières libérales, industrielles, commerciales, financières, terriennes, ayant racine dans le pays et pouvant mettre leurs relations sociales au service de notre Association.

Là est le nœud de la vitalité de nos Comités.

9 782013 265881